Aprendo a escrib

Disney
FROZEN II

Nivel 3

cliper

Papel certificado por el Forest Stewardship Council®

MIXTO
Papel procedente de fuentes responsables
FSC® C117695

Penguin Random House Grupo Editorial

Primera edición: julio de 2021

Printed in Spain – Impreso en España

ISBN: 978-84-18039-03-4
Depósito legal: B-6691-2021

Diseño y maquetación: MYR Servicios Editoriales, S.L.
Impreso en ÍNDICE, S.L.

DS 3 9 0 3 4

APRENDO CON Disney

Disney

FROZEN II

INFORMACIÓN PARA LOS PADRES Y EDUCADORES

Disney se dirige a sus lectores de entre 3 y 6 años con esta nueva colección, en una etapa en la que es fundamental que el niño y la niña adquieran un dominio básico del código de escritura.
El aprendizaje y el desarrollo de la escritura es un proceso que se va desarrollando a lo largo del tiempo y a través de las experiencias del niño y de la niña, que van pasando por distintas etapas hasta llegar a reproducir una escritura formal: escritura presilábica, escritura silábica, escritura silábica-alfabética y escritura alfabética.

Con la metodología de estos cuadernos, los niños irán avanzando gradualmente a través de estas etapas hacia el nivel siguiente, teniendo en cuenta que en el proceso de escritura cada niño y cada niña lleva su ritmo.
Vamos a acompañar a los más pequeños en el camino de descubrimiento de la escritura con un enfoque motivador, visual, didáctico y pedagógico, reforzado con juegos y ejercicios adaptados a sus intereses, y con unos bellos textos que, poco a poco, serán capaces de descifrar, interpretar y producir ellos mismos

Nivel 1

- Comprenderán el simbolismo de las letras, diferenciándolas de dibujos.
- Descubrirán el trazo de las vocales y consonantes. Siempre en mayúsculas y en letra de imprenta.
- Empezarán a escribir las primeras sílabas directas ayudados por imágenes.
- Se les propondrán pequeños juegos para divertirse con las grafías y con el vocabulario trabajado, e ir afianzando los aprendizajes.

Nivel 2

- Trabajarán fundamentalmente consonantes, su sonido y la direccionalidad de su trazo, entre otras competencias.
- Descubrirán consonantes de igual sonido, pero diferente grafía.
- Seguirán practicando el trazo, divirtiéndose con las letras y las palabras.

Nivel 3

- Establecerán la relación entre los aspectos sonoros y los aspectos gráficos de la escritura.
- Identificarán palabras que suenan igual pero que tienen distinto significado.
- Aprenderán a escribir palabras que empiezan y/o contienen consonantes complejas, como son la Ñ, X, W, H, CH y K, siempre ayudados por imágenes y a través del juego.
- Escribirán y trazarán palabras completas a partir de sílabas.
- Empezarán trabajar la comprensión lectora y a jugar con la rima de las palabras

Nivel 4

- Descubrirán la letra ligada, practicando su trazo.
- Relacionarán palabra con imagen, describiendo escenas con frases cortas.
- Escribirán frases más complejas relacionadas con la historia, a partir de palabras.
- Llegarán a adquirir un dominio básico del código de escritura, iniciándose en la ortografía y la gramática.
- Revisarán lo aprendido para ir afianzando los aprendizajes.

INICIACIÓN A LA ESCRITURA

Nivel 3

TRAZA LAS LETRAS Y PINTA LAS HOJAS DEL COLOR QUE INDICAN LOS CÍRCULOS QUE HAY SOBRE LA IMAGEN.

HOJAS

KRISTOFF

ROCA

ASTAS

BOLSO

PEZUÑA

COMPLETA LA FRASE CON EL NOMBRE QUE FALTA.

.... AYUDA A ANNA.

ESCRIBE LAS PALABRAS SIGUIENDO LAS LÍNEAS DE PUNTOS.
¿QUÉ PALABRA TIENE RELACIÓN CON LA IMAGEN?

LLAVE

CAPA

RISA

YEMA

ABRAZO

PARAGUAS

VIOLÍN COPO

QUINCE LOBO

TRAZA Y ACABA DE ESCRIBIR LA LETRA H.

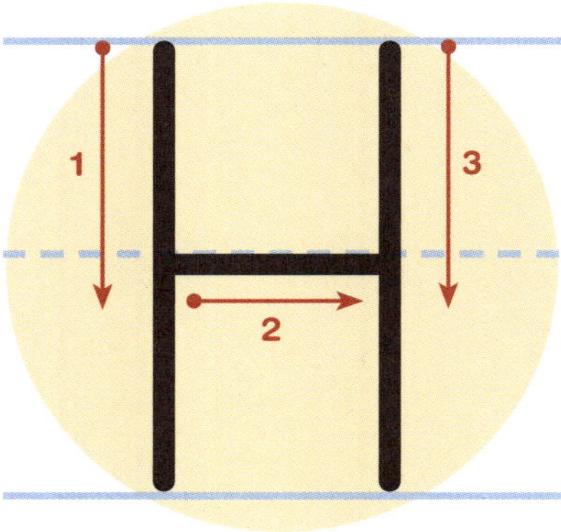

COPIA LA FRASE.

ELSA Y ANNA SON UNAS HERMANAS MUY UNIDAS.

ESCRIBE LA LETRA H SIGUIENDO EL TRAZADO.

HORA HOJA

HADA HUMO

COMPLETA LAS PALABRAS, ESCRIBE LA LETRA H EN LAS CASILLAS.

BÚ_O

CO_ETE

BA_ÍA

ZANA_ORIA

TRAZA Y ACABA DE ESCRIBIR CH.

CH

ESCRIBE LAS SÍLABAS
Y FORMA PALABRAS.

CHA CHE CHO

......COLATE LE......

CO...... NO......

MAN...... O......

SEPARA LAS PALABRAS DE ESTA FRASE.

ELHUMODELACHIMENEASEVEDESDELEJOS.

ESCRIBE CH

COMPLETA LAS PALABRAS. ¿CUÁL NO ES UNA PRENDA DE ROPA?

☐AQUETA DU☐A

CAPU☐A ☐ALECO

TRAZA Y ACABA DE ESCRIBIR LA LETRA K.

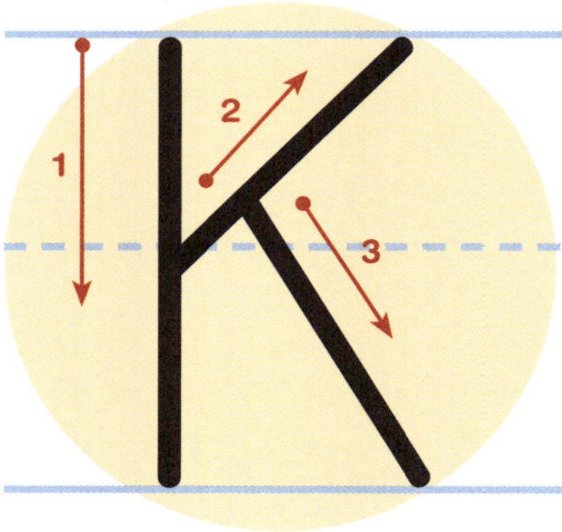

K K K

TRAZA LAS PALABRAS Y RELACIÓNALAS CON SU EQUIVALENTE EN LA COLUMNA DERECHA.

KIWI	DEPORTE
KARATE	CANOA
KAYAK	PESO
KILO	FRUTA

TRAZA Y ACABA DE ESCRIBIR LA LETRA Ñ.

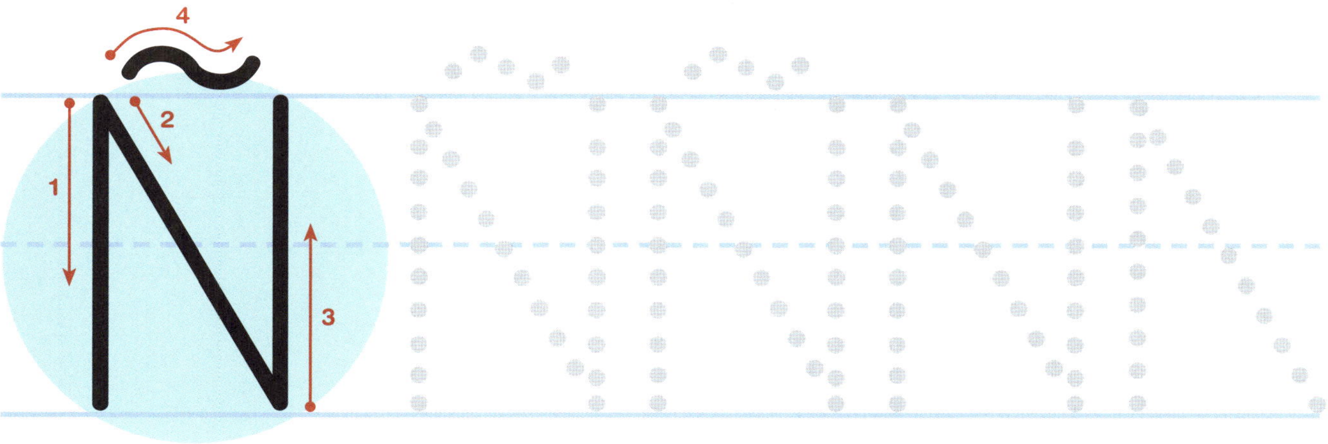

ORDENA LAS SÍLABAS Y FORMA PALABRAS.

NA / ÑA / MA

....

LO / PA / ÑUE

....

O / ÑO / TO

....

ÑA / U

....

ÑA / LE

....

RA / A / ÑA

....

ÑO / NI

....

ÑA / PI

....

TRAZA Y ACABA DE ESCRIBIR LA LETRA X.

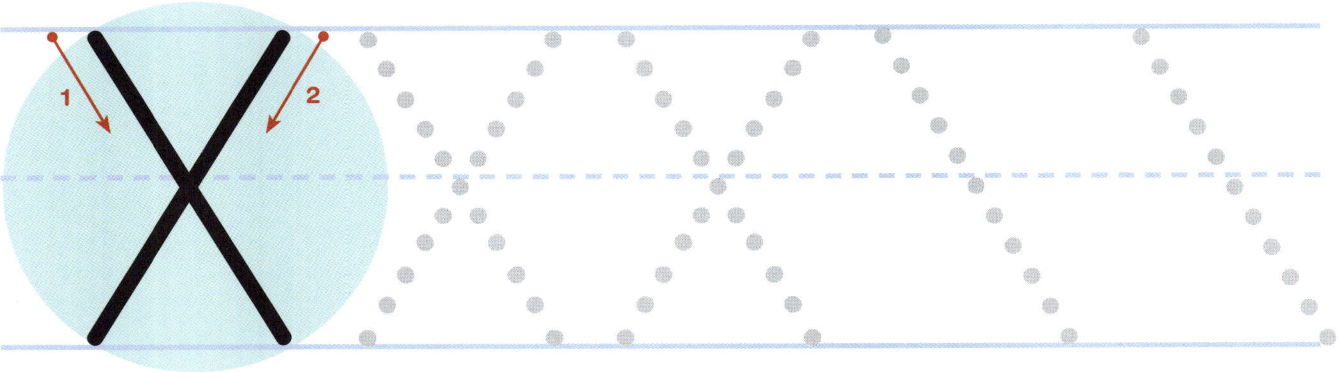

BUSCA EN ESTA SOPA DE LETRAS SEIS PALABRAS QUE CONTIENEN LA X.

A	U	X	I	L	O	F	O	N
S	E	L	S	A	U	S	E	K
H	S	A	X	O	F	O	N	L
N	E	I	S	N	C	A	V	I
E	X	C	U	R	S	I	O	N
N	T	I	Q	Y	U	L	T	O
T	A	A	I	S	T	A	X	E
A	D	I	X	N	U	M	E	Y
Q	U	O	E	I	O	E	T	D

TRAZA Y ACABA DE ESCRIBIR LA LETRA W.

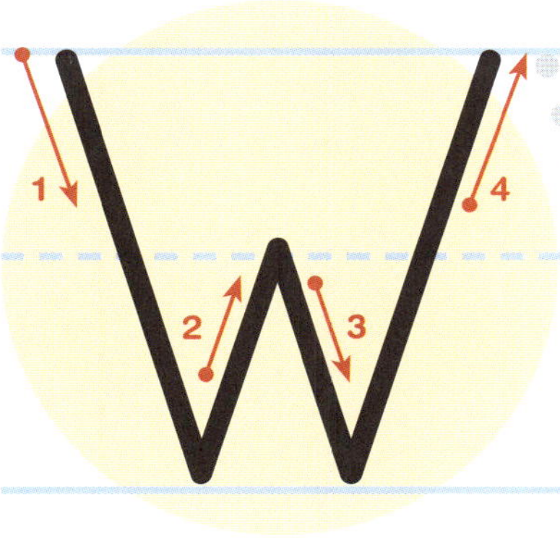

W W W

TRAZA LAS PALABRAS.

SÁNDWICH

WEB

WI-FI

WATERPOLO

WINDSURF

UNA HISTORIA PARA LEER Y ESCRIBIR

ELSA Y ANNA

SALVAN EL BOSQUE ENCANTADO

GRACIAS A SU PODER MÁGICO, ELSA PUEDE VER ESCENAS DEL PASADO. ASÍ DESCUBRE LO QUE OCURRIÓ EN EL BOSQUE ENCANTADO TIEMPO ATRÁS. PERO EL HIELO LA RODEA Y EMPIEZA A CONGELARSE. ENTONCES, ENVÍA UN MENSAJE A ANNA.

EL MENSAJE DE ELSA LLEGA A ANNA EN FORMA DE ESCULTURA DE HIELO. AL VERLA, ANNA COMPRENDE QUE SU ABUELO ENGAÑÓ A TODOS Y PROVOCÓ QUE LOS ESPÍRITUS DE LA NATURALEZA ENCERRARAN EL BOSQUE ENCANTADO EN LA NIEBLA.

LOS NORTULDRA QUE HABITABAN EL BOSQUE Y LOS SOLDADOS DEL REY RUNEARD, EL ABUELO DE ELSA Y ANNA, QUEDARON ATRAPADOS ALLÍ. NADIE PODÍA ENTRAR NI SALIR DEL BOSQUE. SE CULPABAN UNOS A OTROS Y DISCUTÍAN SIN PARAR.

ANNA SABE QUE SU HERMANA ESTÁ EN PELIGRO. LE TOCA A ELLA REPARAR LOS ERRORES DEL PASADO PARA QUE VUELVA LA ARMONÍA. AHORA, ANNA DEBE DESTRUIR LA PRESA QUE CONSTRUYÓ SU ABUELO Y QUE FUE LA CAUSA DEL ENGAÑO.

LA VALIENTE ANNA DESPIERTA A LOS GIGANTES DE LA TIERRA. ECHA A CORRER HACIA LA PRESA HACIENDO QUE ESOS COLOSOS DE PIEDRA LA PERSIGAN. CUANDO ESTÁN A PUNTO DE ALCANZARLA, KRISTOFF Y SVEN LA SALVAN JUSTO A TIEMPO.

KRISTOFF Y SVEN LLEVAN A ANNA TAN CERCA DE LA PRESA COMO PUEDEN. DESDE ALLÍ, ANNA ORDENA A LOS GIGANTES DE LA TIERRA QUE LA DESTRUYAN. LA PRESA EMPIEZA A CAER Y ANNA, DE UN SALTO, SE PONE A SALVO CON AYUDA DE KRISTOFF.

ROTA LA PRESA, ELSA SE RECUPERA AL MOMENTO. MONTADA EN EL NOKK DEL AGUA, CABALGA VELOZ HACIA ARENDELLE. ¡EL AGUA DE LA PRESA VA A INUNDARLO! LLEGA A TIEMPO PARA CONGELAR LA GRAN OLA Y SALVAR A SU REINO DE LA DESTRUCCIÓN.

ELSA Y ANNA HAN CONSEGUIDO HACER DESAPARECER LA MALDICIÓN DEL BOSQUE ENCANTADO. MIENTRAS LA NIEBLA SE DESVANECE Y LOS RAYOS DEL SOL ILUMINAN EL BOSQUE, SUS HABITANTES SONRÍEN DE FELICIDAD. ¡POR FIN SON LIBRES!

INCLUSO EL TENIENTE MATTIAS, SOLDADO DEL REY RUNEARD, Y YELENA, LA LÍDER DE LOS NORTULDRA, DEJAN A UN LADO SUS DISCUSIONES Y HACEN POR FIN LAS PACES. ES EL MOMENTO DE CELEBRAR EL FIN DE UN LARGO ENFRENTAMIENTO.

ANNA Y ELSA SE ABRAZAN EMOCIONADAS. HAN HECHO UN GRAN TRABAJO JUNTAS. AHORA SABEN QUE EL LUGAR DE ELSA ESTÁ JUNTO A LOS ESPÍRITUS DE LA NATURALEZA. EN CUANTO A ANNA, ELLA SERÁ LA NUEVA REINA DE ARENDELLE.

JUEGA Y APRENDE

1 SI HAS PRESTADO ATENCIÓN A LA HISTORIA, SABRÁS SI ESTAS FRASES SON VERDADERAS O FALSAS.

	V	F
LOS SOLDADOS DEL REY AGNARR Y LOS NORTULDRA QUEDARON ATRAPADOS EN EL BOSQUE ENCANTADO.	☐	☐
LOS ESPÍRITUS DE LA NATURALEZA SE ENFADAN.	☐	☐
KRISTOFF LLEGA A TIEMPO PARA SALVAR A ANNA.	☐	☐
HONEYMAREN ES LA LÍDER DE LOS NORTULDRA.	☐	☐

2

ANNA TIENE QUE RECORRER UN LARGO CAMINO HACIA LA PRESA. AYÚDALA AHORA A CRUZAR ESTE LABERINTO.

3

TRAZA LA PALABRA.

KILÓMETRO

JUEGA Y APRENDE

1 ESTAS PALABRAS SUENAN IGUAL PERO NO SIGNIFICAN LO MISMO. RELACIÓNALAS CON LA FRASE CORRECTA PINTANDO LAS HOJAS.

HOLA

OLA

AZAHAR

AZAR

DESHECHO

DESECHO

LO DECIMOS AL SALUDAR

FLOR BLANCA DE INTENSO AROMA

EL CHOCOLATE PUEDE ESTARLO

EL MAR TIENE MUCHAS

ALGO QUE YA NO SIRVE

PASA POR CASUALIDAD

RODEA CON UN CÍRCULO ROJO LAS H.

2

OLAF TE RETA A UNIR ESTOS DIBUJOS DE MAYOR A MENOR CON UNA SOLA LÍNEA Y SIN LEVANTAR EL LÁPIZ DEL PAPEL.

JUEGA Y APRENDE

1 SIGUE LA PAUTA DE COLOR Y ESCRIBE LAS LETRAS EN EL LUGAR CORRESPONDIENTE.

¿QUÉ PALABRA HAS FORMADO?

A E R N T U Z L

2 ¿CUÁL DE ESTAS PALABRAS RIMA CON **GIGANTE**?

REINO ARMONÍA GUANTE

3

EMPAREJA CADA PERSONAJE CON SU SOMBRA. LUEGO, ESCRIBE LA INICIAL DE SUS NOMBRES EN LAS CASILLAS DE ABAJO.

ELSA ANNA YELENA KRISTOFF MATTIAS

SOLUCIONES INICIACIÓN A LA ESCRITURA

PÁGINA 6: HOJAS
KRISTOFF
ROCA
ASTAS
BOLSO
PEZUÑA

PÁGINA 8:
CAPA

PÁGINA 9:
COPO

PÁGINA 11:

BÚHO
COHETE
BAHÍA
ZANAHORIA

PÁGINA 12:
CHOCOLATE / LECHE / COCHE / NOCHE / MANCHA / OCHO.

PÁGINA 13:
EL HUMO DE LA CHIMENEA SE VE DESDE LEJOS.

CHAQUETA DUCHA
CAPUCHA CHALECO

PÁGINA 14:

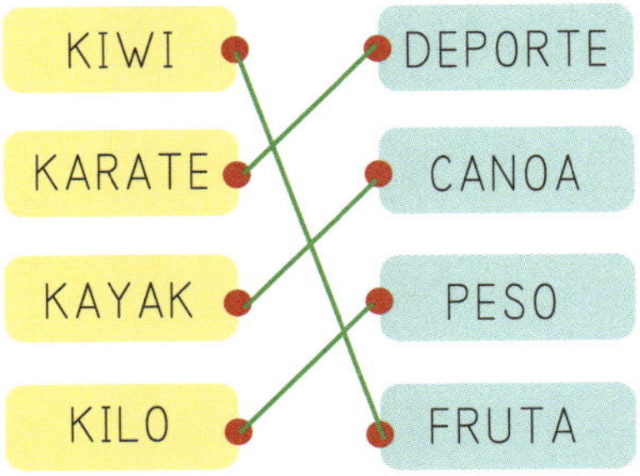

PÁGINA 15:
MAÑANA / PAÑUELO / OTOÑO / UÑA / LEÑA / ARAÑA / NIÑO / PIÑA.

PÁGINA 16:

A	U	X	I	L	O	F	O	N
S	E	L	S	A	U	S	E	K
H	S	A	X	O	F	O	N	L
N	E	I	S	N	C	A	V	I
E	X	C	U	R	S	I	O	N
N	T	I	Q	Y	U	L	T	O
T	A	A	I	S	T	A	X	E
A	D	I	X	N	U	M	E	Y
Q	U	O	E	I	O	E	T	D

SOLUCIONES JUEGA Y APRENDE

PÁGINAS 40-41:

1

	V	F
LOS SOLDADOS DEL REY AGNARR Y LOS NORTULDRA QUEDARON ATRAPADOS EN EL BOSQUE ENCANTADO.	■	□
LOS ESPÍRITUS DE LA NATURALEZA SE ENFADAN.	■	□
KRISTOFF LLEGA A TIEMPO PARA SALVAR A ANNA.	■	□
HONEYMAREN ES LA LÍDER DE LOS NORTULDRA.	□	■

2

PÁGINAS 42-43:

1

HOLA	OLA
AZAHAR	AZAR
DESHECHO	DESECHO

2

PÁGINAS 44-45:

1 NATURALEZA

2 GUANTE

3

M	E	K	Y	A

OTROS TÍTULOS DE APRENDO A ESCRIBIR CON...

OTROS TÍTULOS DE APRENDO A LEER CON...

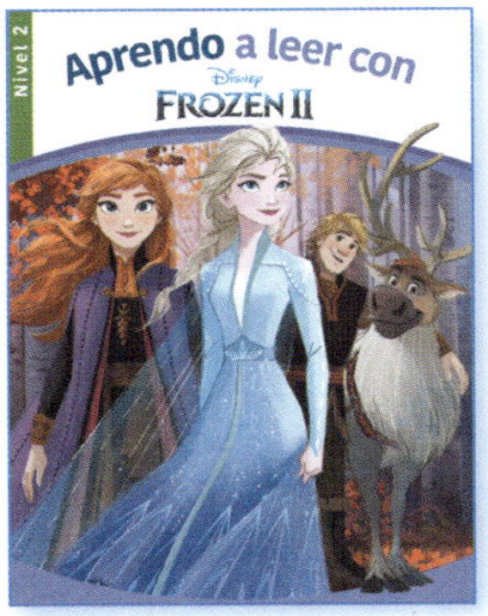

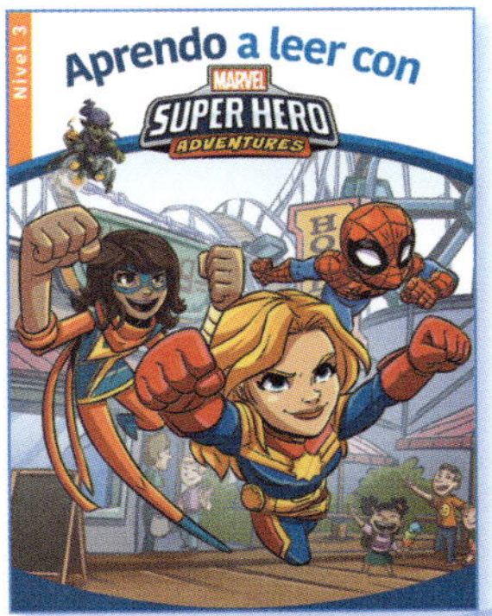